CHANTS D'ALSACE-LORRAINE

LA Roche du Diable

CONTE BLEU

Auguste JUDLIN

PARIS
BERGER-LEVRAULT ET Cie, ÉDITEURS
5, RUE DES BEAUX-ARTS, 5
MÊME MAISON A NANCY

1881

Prix : 75 centimes

4730

Chants d'Alsace-Lorraine

LA
Roche du Diable

CONTE BLEU

Auguste JUDLIN

PARIS
BERGER-LEVRAULT ET Cie, ÉDITEURS
5, RUE DES BEAUX-ARTS, 5
MÊME MAISON A NANCY

1881

Imprimé à 300 exemplaires.

LA
ROCHE DU DIABLE

 UAND minuit frappe sur l'airain,
D'Abreschwiller à Saint-Quirin,
A travers champs et sous les branches,
Se promènent des dames blanches.

Alors que Dieu prenne en pitié
Le téméraire qui chemine
A cette heure dans un sentier;
Il ne verra plus sa chaumine
Et n'ira plus à son labour.
Mais il est surtout une roche,

Dans les environs de Dachsbourg,
Dont nul impunément n'approche ;
Le hardi pâtre du Donon
Avec terreur le soir l'évite,
Et, s'il fait jour, s'éloigne vite :
La Roche du Diable est son nom.

Il s'élevait un monastère
Sur cet escarpement, jadis,
Quand on priait beaucoup sur terre
Pour mériter le paradis.

Or, c'étaient des Bénédictines
Pudiques, roses et lutines ;
Pas une seule à son déclin ;
Grâce d'enfant et port de reine ;
Pour père ayant un châtelain
Soit d'Alsace, soit de Lorraine.

Le salut est l'essentiel !
On a raison de fuir le vice
Et de se vouer au service

Du Souverain Maître du ciel.
Malgré cela, pour une prude,
N'aimer que Dieu, c'est chose rude;
Il n'est pas sage, s'il prétend
Que constamment on le vénère
Avant d'être sexagénaire.
Est-ce pour lui qu'on mire tant
Son visage dans une glace ?
Puis dans les cœurs les plus étroits,
Toujours il reste un peu de place
Pour un amant, ou deux, ou trois.

Narrons maintenant notre histoire.

Les révérendes du couvent,
Dans leur élégant oratoire
Exhalaient des soupirs souvent ;
Légers soupirs, lourds de tendresse,
Qui, pour n'avoir aucune adresse,
N'en sont pas moins inquiétants
Chez des recluses de vingt ans,
Sans que d'abord il y paraisse.

Par une froide et sombre nuit,
S'agenouillant avec paresse,
Désirs au cœur, au front l'ennui,
Elles étaient dans la chapelle,
Lisant à l'envers leur psautier ;
Tout à coup on frappe au moutier.

— Seigneur ! quelle voix nous appelle ?....

— « Je vous implore, chastes sœurs !
Ne me refusez pas un gîte ;
La forêt voisine s'agite,
Voici les éclairs précurseurs
D'une tempête épouvantable !
Pas une hutte où se blottir !
Celui qui pour nous fut martyr,
Commande qu'on soit charitable.
Un gîte ! l'aquilon mugit !... »

— Entendez-vous ? dit la prieure.

Et dans leur joie intérieure,
Les professes avaient rougi :

— Oui, notre mère, firent-elles,
En caressant leur crucifix
Caché dans un pli de dentelles.

Pour son Époux, le divin Fils,
Si l'on se tient sous la serrure,
Parfois au mysticisme on joint
Un certain goût de la parure :
Brocart, améthyste, benjoin,
Gants de Grenoble et point de Flandre.
On pouvait, à la vérité,
Dans la cellule, sans esclandre,
Corriger la sévérité
Du scapulaire et de la coule,
Voire pour les prises d'habits.

Mais revenons à nos brebis.

Un instant — un siècle — s'écoule,
Et la doyenne poursuivant :
« Parmi nous introduire un homme,
Dit-elle, est défendu par Rome !

Les règles de notre couvent
Seraient en complète déroute ;
Voyage-t-on sur une route,
Mes sœurs, par un temps pluvieux ?
— Non, firent-elles, notre mère !
Il se berce d'une chimère,
D'ailleurs il est peut-être vieux....
— Ou couvert de fange et de loques !

Après cet aveu mutuel
Étranger aux pieux colloques,
On se remet au rituel.

— « Mon fougueux destrier piétine !
Je vous implore, chastes sœurs,
J'arrive de la Palestine !
J'ai fait la guerre aux oppresseurs
De la religion chrétienne,
Car elle a grand besoin, là-bas,
Que par le fer on la soutienne ;
J'ai livré nombre de combats !.... »

— Entendez-vous ? dit la prieure,
Attentive tout en priant ;
C'est une âme supérieure,
Il arrive de l'Orient !
— Sa voix est pleine d'harmonie,
On peut dormir sous un ciel bleu,
Mais voici qu'à torrent il pleut,
Son armure sera ternie...

— « Faut-il en vain vous supplier !
Un abri ! je suis Templier.
J'ai pris d'assaut des citadelles ;
J'entrevis le sépulcre saint
Dont je vous apporte un dessin ;
Je fus captif des Infidèles
Qui voulaient m'empaler vivant...
J'ai près de moi six jeunes pages.... »

Et les pauvres filles rêvant,
Oubliaient de tourner les pages.
Quand le corset gêne le sein,
Adieu la paix antérieure !

— Entendez-vous ? dit la prieure,
Il a vu le sépulcre saint !.... »

Lors, le chapitre délibère :
On vote l'hospitalité,
Pas un dragon, pas un cerbère
Dans toute la communauté !

Ne les blâmons ! Pour être nonne,
On n'en est pas moins femme !... Anonne
Qui veut l'Évangile en latin !
Prince des Cercles de l'Empire,
Ou simple comte palatin,
Le brave chevalier inspire
Un intérêt qui n'est pas feint.
Incontinent la sacristine
D'une main fébrile satine
Un linge mat ouvré d'or fin ;
De son côté, la cellérière,
Qui ne languit pas en arrière,
A déjà quitté le lutrin,
Pour s'élancer devers l'office.
Quel admirable et digne entrain !

On met sans peur de maléfice
Les rosaires dans un tiroir,
On se lisse la chevelure
Et l'on consulte le miroir.
— Il n'en faut encor rien conclure. —

L'abbesse, le teint cramoisi,
La physionomie accorte,
Au réfectoire introduisit
Le paladin et son escorte.

Or, il advint en ce moment,
Que dans sa niche une madone
Fit de la tête un mouvement.
Si j'ai menti, Dieu me pardonne !

Le chevalier n'était point laid,
C'était un noble et vaillant sire ;
Aux lueurs des flambeaux de cire,
Sa riche armure étincelait,
Ses noirs cheveux tombaient par boucles,
Ses yeux étaient des escarboucles ;

Du reste, nous l'équiperons
Magnifiquement, car d'emblée,
Et du panache aux éperons,
Il plut à l'austère assemblée.
Notre héros ayant très-faim,
De sa suite vous parlerai-je ?
Chaque page est un séraphin
De Raphaël ou de Corrège.

— Horreur ! la torture du pal !
Vite, un coussin, ma sœur converse,
Et le fauteuil épiscopal !

— Aux coups de la Fortune adverse,
Pour la Foi, je me suis offert.

On allume un feu de broussaille
Et de cannelle — un feu d'enfer ! —
Cependant le rocher tressaille
Comme le Vésuve et l'Hécla.

L'étranger harangue l'abbesse

Qui, de ses longs cils qu'elle abaisse,
A peine tamise l'éclat
De ce regard qui la fascine.

« Ah ! plonge-toi dans la piscine
Du Repentir, ingrat troupeau
Qui te laisses prendre à l'appeau
De ces jouissances profanes ! »
Murmure un chérubin disert,
Et pourvu d'ailes diaphanes ;
Mais il prêchait dans le désert.

Repas qui n'a rien de champêtre !....

J'abrégerai : ne se repaître
Que de l'odeur d'un tel festin
C'est le supplice de Tantale.

Réception faite, on s'installe.
L'intendante qui, le matin,
Avait tenu le saint ciboire,

Au beau guerrier versait à boire,
Et les novices à ses gens
Rendaient pareils soins obligeants,
Et provoquaient mainte rasade
Qu'on acceptait en souriant.

— Quoi ! vous arrivez d'Orient ?...
— « Nous revenons de la Croisade.
Nous allons repasser le Rhin....
J'ai sauvé plus d'un pèlerin
Du cimeterre redoutable,
Et pourfendu plus d'un sorcier....
Mais approchez-vous de la table. »
— Oui, preux cousin, quand on s'assied,
On écoute mieux une histoire ;
On peut s'asseoir au réfectoire. »

— Ennemis jurés du turban,
Nous avons franchi le Liban,
Communié sur le Calvaire....
Ma sœur, où donc est votre verre,
Afin que nous trinquions en chœur

A notre fameuse victoire ?... »
— Oui, preux cousin, avec grand cœur,
On peut trinquer au réfectoire. »

La chanoinesse sans façon
A ses convives fait raison,
Et chacune aussitôt l'imite.
On n'eût de la sorte accueilli
Le célèbre Pierre l'Ermite.

Quel ordre aux statuts n'a failli ?

Sur les Sarrasins on devise ;
Après les vins de Riquewihr
Des madrigaux on improvise,
De nouveaux mets on fait servir.
Au vin de Wolxheim on minaude,
Timidement on baguenaude
En risquant des joyeusetés ;
Puis au vin rouge de Bourgogne
On n'affiche plus de vergogne :
Voiles trop lourds sont écartés,

Et l'on dégrafe un peu sa robe
Pour respirer commodément,
Baisers sur baisers on dérobe,
Qui sont rendus honnêtement.

Nos sauvagesses familières
Se faisaient de leurs cordelières
Une ceinture de Vénus ;
Et l'on vous envoyait aux peautres,
Et les missels et les agnus,
Et Jésus-Christ et les apôtres.

Où sont les agapes d'antan ?...
Cette ferveur des Catacombes ?...
Faut-il, ô vertu qui succombes
Que je te venge en pédantant,
Et que du sujet que j'ébauche,
Je fasse un tableau rembruni ?...
Ah ! quoique ce fût pain bénit,
Pour excuser cette débauche,
Il suffirait qu'on alléguât
Tel exemple qui scandalise
D'un archevêque, d'un légat,

Ou d'un modeste rat d'église.

— Pourquoi tes doigts sont-ils tremblants ?
— C'est que vos baisers sont brûlants !
— Ton corps palpite, ô mon amante !
— C'est que l'amour en moi fermente !
— Ta gorge est un doux oreiller.
— Ami, venez-y sommeiller.

Si besoin est, qu'on se rassure,
Je soufflerai le lumignon,
Bien que le péché de luxure
Soit, en somme, un péché mignon.

Les vierges folles et lascives
Riaient pour montrer leurs gencives,
Prenaient des poses de houris
Et tourbillonnaient en spirales.
Les Saints des peintures murales
Avaient des airs tout ahuris,
Enfin, les célestes milices,
Comme on pense, étaient en émoi.

— Au diable béguins et cilices !
Mes belles, accompagnez-moi ! »
Soudainement fit à voix haute
Le fier et courtois chevalier,
Deux bras en guise de collier,
Je veux être à mon tour votre hôte !
A la santé le cloître nuit
Et flétrirait votre jeunesse. »

En cet instant sonnait minuit.

— Monseigneur, dit la chanoinesse,
Où donc allez-vous de ce pas ?..

Elle découvrait ses appas
Et coiffait un superbe heaume.

— Je vais dans l'infernal royaume,
Regarde-moi, je suis Satan !

Il pousse un formidable rire.

Je suis inhabile à décrire
Le tumulte auquel on s'attend.

Danger non point imaginaire :
Hélas ! c'étaient d'affreux démons.

Un violent coup de tonnerre
Se répercuta dans les monts,
Depuis Lorquin jusqu'à Linange,
Et, brandissant un glaive en main,
Sur l'Engelberg parut un ange.

Un charbonnier, le lendemain,
Passant en ce lieu solitaire
N'apercut plus le monastère
Au sommet du rocher maudit ;
Et longtemps il se répandit
A l'entour une odeur de soufre.

Ne clamez pas, gens dévots, si
Je vous offusque en ce récit,
Et tolérez ce que Dieu souffre.

Quand minuit frappe sur l'airain,
D'Abreschwiller à Saint-Quirin,
A travers champs et sous les branches
Se promènent des dames blanches.

Nancy, impr. Berger-Levrault et Cⁱᵉ.

Pour paraître prochainement :

CHANTS D'ALSACE-LORRAINE

PIERRE DE BAR — VIRICH DE NIDECK
LE TROU AUX COSAQUES
LE BUCHERON DU RINGELSBERG

GALEAS SFORZA

DRAME

VICTORINE H***

NOUVELLE

Nancy, impr. Berger-Levrault et Cie.

www.ingramcontent.com/pod-product-compliance
Lightning Source LLC
Chambersburg PA
CBHW060554050426
42451CB00011B/1909